DOCUMENTS
POUR SERVIR A L'HISTOIRE DE LA RÉVOLUTION

NOTES
DE
TOPINO-LEBRUN

JURÉ AU TRIBUNAL RÉVOLUTIONNAIRE DE PARIS

SUR LE
PROCÈS DE DANTON

ET SUR
FOUQUIER-TINVILLE

PUBLIÉES PAR
J.-F.-E. CHARDOILLET

PRIX : 1 FR. 25 CENT.

PARIS
JULES BAUDET, LIBRAIRE-ÉDITEUR
27, RUE SAINT-PLACIDE

1875

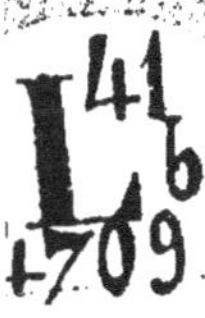

DOCUMENTS
POUR SERVIR A L'HISTOIRE DE LA RÉVOLUTION

NOTES

DE

TOPINO-LEBRUN

JURÉ AU TRIBUNAL RÉVOLUTIONNAIRE DE PARIS

SUR LE

PROCÈS DE DANTON

ET SUR

FOUQUIER-TINVILLE

PUBLIÉES PAR

J.-F.-E. CHARDOILLET

PARIS
JULES BAUDET, LIBRAIRE-ÉDITEUR
27, RUE SAINT-PLACIDE

1875

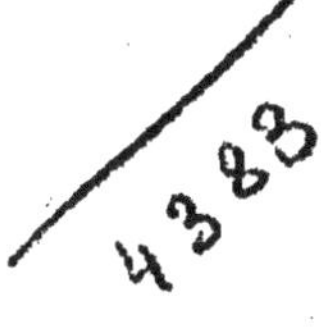

A

LA MÉMOIRE

DE

GEORGES-JACQUES DANTON

AVOCAT AUX CONSEILS DU ROI

PRÉSIDENT

DU DISTRICT DES CORDELIERS

ADMINISTRATEUR

DU DÉPARTEMENT DE PARIS

SUBSTITUT

DU PROCUREUR DE LA COMMUNE DE PARIS

et

MEMBRE DE LA COMMUNE DU 10 AOUT

MINISTRE DE LA JUSTICE

PRÉSIDENT

DU CONSEIL EXÉCUTIF DE LA RÉPUBLIQUE FRANÇAISE

DÉPUTÉ

A LA CONVENTION NATIONALE

AVERTISSEMENT

I

Les notes prises aux audiences des 13, 14, 15 et 16 germinal an II, par Topino-Lebrun, juré au tribunal révolutionnaire de Paris, constituent le document le plus important qui soit resté sur le procès des Dantonistes et la seule relation impartiale, malheureusement incomplète, de la défense de Danton.

Le *procès-verbal d'audience* contient trop peu de détails, et le *Bulletin du Tribunal révolutionnaire* trop d'infidélités !

Dans l'espèce, le manuscrit de Topino est une révélation du premier ordre.

II

D'après M. Robinet, qui, le premier, et dès 1865, a publié des extraits des notes de Topino-Lebrun, — tout ce qu'elles contiennent d'essentiel (1), — l'authenticité en est établie par leur provenance d'abord (elles ont été trouvées aux archives de la Préfecture de police, où elles étaient venues après la condamnation à mort de leur auteur), ensuite par une expertise d'écritures, et par cette déclaration tracée de la main même du juré :

« François Topino-Lebrun, âgé de trente et un ans, né à Marseille, département des Bouches-du-Rhône.

« Un juré révolutionnaire, mélange de justice et de rigueur, que l'ardent amour de la patrie rend passionné ; quand un accusé de contre-révolution se présente à lui, il est alors comme un homme en présence de son ennemi particulier, et alors il doit se garder de l'esprit de prévention. »

D'après M. Jules Claretie, qui, dans son dernier ouvrage (2), s'est également appuyé des notes de Topino-Lebrun, l'original aurait été détruit en 1871, par l'incendie de la Préfecture de police.

(1) *Biographie universelle Michaud* (nouvelle édition), t. XLIV, article Westerman.

— *Danton, mémoire sur sa vie privée*, in-8°. Paris, 1865 (*).

— *Procès des Dantoniens*, dans la POLITIQUE POSITIVE, Revue occidentale, Paris, E. Leroux, éditeur, rue Bonaparte, 28, 1872-73.

— *Le Dix-Août et la Symbolique positiviste*, réponse au journal *la République française*, br. in-8°, E. Leroux, éditeur. Paris, 1873.

(2) *Camille Desmoulins, Lucile Desmoulins, étude sur les Dantonistes*. Paris, E. Plon, 1875.

(*) Dans ce travail, l'auteur consacre à Topino-Lebrun et au restaurateur de ses notes, feu M. Labat, archiviste de la Préfecture de police, des notices qu'il est indispensable de consulter.

Mais M. Robinet n'a lui-même donné que des extraits (quelque complets qu'ils soient) de ce précieux document, et M. Claretie ne l'a reproduit non plus qu'avec des interpolations, des erreurs et des omissions considérables ; ni l'un ni l'autre n'en a donné la totalité, la succession, la physionomie ! c'est pourquoi nous avons cru utile de le publier *in extenso*, avec ses richesses et ses imperfections, d'après une copie conforme faite en 1861, et collationnée.

III

Outre la lumière jetée sur la progression, le ton et les incidents des débats du procès de germinal, les notes de Topino-Lebrun fixent les points suivants :

1° Triage du jury par le tribunal, à l'ouverture de la première audience, et refus aux accusés de leur laisser exercer envers les jurés leur droit de récusation, ainsi que de faire entendre leurs témoins.

2° Connivence du ministère public, du tribunal et des jurés.

3° Ce n'est point au mois de juillet 1790, et en qualité d'*émigré* (!!), ainsi que l'insinue le *Bulletin du Tribunal révolutionnaire*, que Danton passa en Angleterre, mais après le 7 juillet 1791, pour échapper aux poursuites dirigées contre lui à l'occasion de l'affaire du Champ-de-Mars ; — ce qui est différent.

4° La part effective qu'eut Danton au 10 août.

5° C'est en soustrayant des preuves et notamment un procès-verbal des officiers municipaux de Béthune, que la conjuration robespierriste parvint à mettre en crédit que Danton et Lacroix s'étaient approprié les dépouilles de la Belgique.

Etc., etc., etc.

IV

Toutefois, malgré la valeur de ces révélations, il ne faut pas méconnaître ce qu'elles ont d'incomplet.

La sténographie n'était pas employée ; et quoique peintre de talent, Topino était scribe médiocre, d'où les obscurités souvent impénétrables de son texte.

Il notait au cours des débats, pour lui-même, afin de mieux fixer ses souvenirs et son jugement, et ne prenait que les choses saillantes.

En outre, il n'eut pas l'idée, ou peut-être pas le temps, de compléter et de revoir.

De là, nous le répétons, ces insuffisances de fond et de forme qui laissent tant à désirer.

Mais telles quelles, on ne peut méconnaître le prix d'indications qui, confrontées avec le compte rendu du *Bulletin du Tribunal révolutionnaire*, le réquisitoire de Saint-Just et les notes de Robespierre, qu'elles démentent à tout instant, s'éclairent et se complètent d'une façon aussi décisive.

Cependant, nous n'avons pas craint d'essayer de suppléer par des annotations aux incertitudes des passages les moins compréhensibles.

V

C'est ans la même intention que nous rapportons ici le compte-rendu officiel de l'affaire Danton et consorts, extrait des Archives nationales :

Procès-verbal de la séance du Tribunal révolutionnaire établi par la loi du 10 *mars* 1793 *et en vertu de la loi du* 5 *avril de la même année, séant à Paris au Palais de Justice.*

Du treize germinal de l'an deuxième de la République française, une et indivisible, dix heures du matin.

L'audience ouverte au public, le Tribunal composé des citoyens Amand-Martial Herman, président, Etienne Masson, Etienne Foucault, François-Joseph Denizot, et Charles Bravet, juges, de Jean-Baptiste-Edmond Lescot-Fleuriot et Antoine-Quentin Fouquier, accusateurs publics, et de Anne Ducray, commis-greffier, sont entrés les citoyens Renaudin, Desboisseaux, Trinchard, Dix-Août, Lumière, Ganney, Souberbielle, jurés, et les conseils des accusés.

Ensuite ont été introduits à la barre, libres et sans fers, et placés de manière qu'ils étaient vus et entendus du Tribunal et des auditeurs, les nommés Fabre d'Eglantine, Chabot, Bazire, Delaunay d'Angers, Danton, Camille Desmoulins, Philippeaux, Hérault de Séchelles, Despagnac, Frey, Gusman, Deidérichen, accusés.

Ensuite les témoins de l'accusateur public ont été pareillement introduits.

Le président, en présence de tout l'auditoire composé comme ci-dessus, a fait prêter auxdits jurés à chacun individuellement le serment suivant : « Citoyen, vous jurez et promettez d'examiner avec l'attention la plus scrupuleuse les charges portées contre les accusés présents devant vous, ci-devant nommés, de ne communiquer avec personne jusqu'après votre déclaration, de n'écouter ni la haine ou la méchanceté, ni la crainte ou l'affection, de vous décider d'après les charges et moyens de défense et suivant votre conscience et votre intime conviction, avec l'impartialité et la fermeté qui conviennent à un homme libre? »

Après avoir prêté ledit serment, lesdits jurés se sont placés sur leurs siéges dans l'intérieur de l'auditoire, en face des accusés et des témoins.

Le président a dit aux accusés qu'ils pouvaient s'asseoir, après quoi il leur a demandé leurs noms, âge, profession et demeure.

En cet instant Camille Desmoulins, l'un des accusés, a récusé Renaudin, l'un des jurés, sous le prétexte que, pour ses opinions, aux Jacobins, il l'avait pris au collet et avait voulu l'assommer.

Le Tribunal, après avoir délibéré, attendu que les motifs de récusation proposés par Camille ne sont pas prévus par la loi, ordonne qu'il sera passé outre aux débats.

Les accusés sont interrogés sur leurs noms, surnoms, ainsi qu'il suit :

1. Philippe-François-Nazer (*sic*) Fabre d'Eglantine, âgé de 39 ans,

natif de Carcassonne, cy-devant homme de lettres et député à la Convention nationale, demeurant à Paris, rue Ville-l'Evêque.

2. Joseph Launay (*sic*), âgé de 39 ans, natif d'Angers, homme de loi, représentant du peuple, demeurant ordinairement à Auvers, et, à Paris, boulevart Montmartre, n° 544.

3. François Chabot, âgé de 37 ans, cy-devant capucin, et représentant du peuple, natif de Saint-Geniest, département de l'Aveyron, demeurant rue d'Anjou, n° 19.

4. Benoist-Camille Desmoulins, âgé de 33 ans (âge de Jésus, critique pour les patriotes), natif de Guise, district de Vervins, homme de lettres, demeurant à Paris, place du Théâtre-Français.

5. Jean-François Lacroix, âgé de 40 ans, natif de Pont-Audemer, département de l'Eure, soldat, capitaine de milice, puis homme de loi et député à la Convention nationale, demeurant rue Saint-Lazare, n° 6.

6. Pierre Phélippeaux (*sic*), âgé de 35 ans, natif de Ferrières, département de l'Oise, homme de loi, député à la Convention nationale, demeurant rue de l'Echelle, n° 3.

7. Claude Bazire, natif de Dijon, département de la Côte-d'Or, âgé de 29 ans, commis aux archives des Etats de la Bourgogne, commandant de la garde, député à la Législature (*sic*) et à la Convention nationale, demeurant à Paris, rue Saint-Pierre-Montmartre.

8. (Deux noms peu saillants même parmi les saints) Marie-Jean Hérault de Séchelles, âgé de 34 ans, natif de Paris, avocat-général au cy-d[t] Parlement et détesté des Parlementaires, juge nommé par le peuple, et juge du tribunal de cassation, député à la Convention nationale, rue Basse-du-Rempart, n° 14.

9. Georges-Jacques Danton, âgé de 34 ans, natif d'Arcy-s.-Aube (*sic*), département de l'Aube, avocat au cy-devant Conseil, révolutionnaire et représentant du peuple. — « Ma demeure bientôt dans le néant, ensuite dans le Panthéon de l'Histoire. M'importe peu ! » — Ancien domicile, rue et section Marat.

10. Marc-René Sahuet (*sic*) Despagnac (*sic*), âgé de 41 ans, cy-devant abbé, puis patriote, employé aux fournitures des haras, né à Brie (*sic*), département de la Corrèze, demeurant rue de l'Université, près l'ancienne barrière.

11. Simon-Kotloo-Junius Frey, âgé de .. ans, né à Brun (*sic*), en Moravie, à Paris depuis deux ans, domicilié à Vienne, fournisseur à l'armée, demeurant à Paris, rue d'Anjou-Saint-Honoré, n° 19.

12. André-Marie Gusman, né à Grenade, en Espagne, naturalisé français en 1781, âgé de 41 ans.

13. Emmanuel Frey, âgé de 27 ans, sans état, né à Brune (*sic*), en Moravie, en France depuis trois ans, rue d'Anjou.

14. Jean-Frédéric Deisdérinchen (*sic*), âgé de 51 ans, natif de Luxembourg (*sic*), pays de Holstein, en Danemarck, avocat de la cour du roi de Danemarck; depuis le 10 may 1793 à Paris, rue des Petits-Augustins, et, depuis, petite maison du Carrousel.

Le président a averti les accusés d'être attentifs à ce qu'ils allaient entendre, et il a ordonné au greffier de lire l'acte d'accusation.

Le greffier a fait lecture à haute et intelligible voix du rapport d'Amar, député à la Convention, contre Fabre, Chabot, Launay (*sic*) et Bazire, et ensuite du décret d'accusation rendu contre eux.

Ensuite la séance a été levée et remise au 14, neuf heures du matin.

Et le 14 germinal, l'audience ouverte au public, le tribunal composé comme dessus, les accusés ont été introduits et les débats ont été repris ainsi qu'il suit :

L'accusateur public a requis et le tribunal a ordonné la lecture et la consignation sur les registres du décret rendu le 13 germinal à la Convention nationale, portant que Vesterman (*sic*) sera traduit au Tribunal révolutionnaire, et approbatif du mandat d'arrêt décerné par l'accusateur public contre ledit Vesterman ; en conséquence, ledit Vesterman est amené et rangé au nombre des accusés.

Interrogé de ses nom, prénoms, âge, lieu de naissance, profession et demeure :

15. Il répond : François-Joseph Vesterman, âgé de trente-huit ans, natif de Molsen (*sic*), département du Bas-Rhin, cy-devant aide-de-camp de Dumourier, et depuis général divisionnaire, demeurant à Paris, rue.... (1).

Le greffier fait lecture de l'acte d'accusation dressé par l'accusateur public contre Vesterman.

Il fait aussi lecture de l'acte d'accusation dressé par l'accusateur public contre Chabot, Bazire, Launay et Fabre d'Eglantine.

Il fait ensuite lecture du rapport de Saint-Just contre Danton, Hérault de Séchelles et autres.

On donne ensuite lecture du décret de la Convention relatif aux faux témoins.

Le président a dit aux accusés : Voilà de quoi vous êtes accusés, vous allez entendre les charges qui vont être produites contre vous.

Les témoins présentés par l'accusateur public et assignés à sa requête, après avoir entendu l'acte d'accusation, se sont retirés.

Le président a fait appeler lesdits témoins l'un après l'autre, pour faire leurs déclarations, et dans l'ordre cy-après, et avant de faire le[illegible] déclarations, il leur a fait prêter le serment suivant, à chacun in[illegible]iduellement : « Vous jurez et promettez de parler sans haine et sans crainte, de dire la vérité, toute la vérité, et rien que la vérité ; » ensuite il a demandé aux témoins qui ont été présentés, leurs noms, demeures, professions, s'ils sont parents, amis, alliés, serviteurs ou domestiques d'aucun des accusés, ou de l'accusateur public, si c'est des accusés présents devant eux qu'ils entendent parler, à quoi lesdits témoins ont répondu comme ci-dessous :

Pierre-Joseph Cambon fils aîné (2), âgé de 38 ans, fabricant à Montpellier, député à la Convention nationale, demeurant à Paris, connaît les accusés, n'est parent, dépose, etc.

Cette déposition, très-étendue, donne lieu à différentes interpellations, qui sont faites aux accusés chacun en ce qui les concerne, tant par l'accusateur public que par les juges et les jurés.

Attendu qu'il est quatre heures de relevée, la séance est levée pour être reprise le lendemain, 15 germinal, neuf heures du matin.

Et ledit jour 15 germinal, neuf heures du matin, le tribunal composé comme dessus, les accusés ont été introduits et la séance a été reprise ainsi qu'il suit :

L'accusateur public expose que différents renseignements résultant tant des débats de la veille que des nouvelles venues à sa connaissance, l'ont déterminé à lancer un mandat d'arrêt contre Lullier ;

(1) Rue Meslée, N° 63. — C.
(2) Seul témoin entendu. — C.

en conséquence il requiert, et le tribunal ordonne que Lullier sera amené à l'instant, et rangé au nombre des accusés, pour être jugé conjointement avec eux par un même jugement.

Interrogé de ses nom, surnoms, âge, lieu de naissance, profession et demeure, il répond ainsi qu'il suit :

16. Louis-Marie Lullier, âgé de quarante-sept ans, natif de Paris, homme de loi ; depuis la Révolution électeur, président de la Commune de 10 août, ensuite procureur-général-syndic du département de Paris, et agent national, demeurant à Paris, rue de la Grande-Truanderie.

Le président avertit l'accusé d'être attentif à ce qu'il va entendre

Le greffier fait lecture de l'acte d'accusation.

Le surplus des débats s'établit sur différentes interpellations qui sont faites aux accusés tant de la part de l'accusateur public que des juges et des jurés.

Le greffier fait lecture du décret de la Convention de cejourd'huy, portant injonction au tribunal, en continuant l'instruction du procès, de prendre toutes les mesures qu'il jugera convenables pour contenir les accusés dans la modération et surtout dans le respect qu'ils doivent aux lois, au tribunal qui en est l'organe, et au peuple qui les a sanctionnés, et qui a investi la Convention de sa confiance.

Le greffier fait aussi lecture d'un autre décret de la Convention dudit jour, qui ordonne l'envoi au tribunal du premier décret ainsi que de la dénonciation faite au département de police de la commune de Paris et de son arrêté à la suite, le tout en date dud. jour 15 germinal.

L'accusateur public requiert et le tribunal ordonne que les décrets cy-dessus seront consignés sur les registres du greffe.

La séance est levée pour être reprise le 16 germinal à dix heures du matin.

Et ledit jour, 16 germinal, dix heures du matin, le tribunal composé comme dessus, la séance est reprise ainsy qu'il suit.

Le président fait lecture du décret du..... relatif à l'instruction des procès criminels et interpelle le juré (1) de déclarer s'il est suffisamment instruit.

Le juré déclare qu'il va se retirer dans sa chambre pour délibérer.

De retour, il déclare qu'il est suffisamment instruit et est en état d'exprimer sa déclaration.

A l'instant l'accusateur public expose que l'indécence avec laquelle les accusés se sont défendus dans le cours des débats, les brocards, les blasphèmes, même, qu'ils ont eu l'impudeur de prononcer contre le tribunal, doivent le déterminer à prendre des mesures proportionnées à la gravité des circonstances, en conséquence il requiert, et le tribunal ordonne que les questions seront posées et le jugement à intervenir sera prononcé en l'absence des accusés (2).

De suite le président soumet les questions à la décision du juré qui se retire dans sa chambre pour délibérer.

Le juré est rentré et ont (*sic*) donné leur déclaration à haute voix et individuellement ; ce fait, l'accusateur public a été entendu en ses conclusions sur l'application de la loi, après quoi le président a pro-

(1) Juré pour jury. — C.

(2) Il est à remarquer que le compte-rendu des précédentes audiences ne fait mention ni de ces brocards, ni de ces blasphèmes. — C.

noncé l'ordonnance d'acquit de Lullier, l'un des accusés, et, en l'absence des autres accusés, le tribunal a opiné à haute voix et a prononcé le jugement de condamnation, et a ordonné qu'il leur serait notifié entre les deux guichets de la maison d'arrêt de la Conciergerie par le greffier du tribunal. Et a été le présent procès-verbal signé du président de la séance et du greffier.

HERMAN.

DUCRAY,
Commis-greffier.

N. B.— Nous répétons ici que nous avons cru devoir respecter jusqu'à l'orthographe du manuscrit de Topino-Lebrun, malgré ses incorrections, et que nous n'avons ajouté de notes rectificatives ou indicatives qu'autant que cela nous a paru nécessaire à l'intelligence du texte.

J.-F.-E. CHARDOILLET.

NOTES

DE

TOPINO-LEBRUN

PROCÈS DE DANTON

Séance du 13 germinal :

Philipe-François FABRE D'EGLANTINE, 39 ans, né à Carcassonne, homme de lettres, député à la Convention.

Joseph DELAUNAI, 39 ans, né à Angers, homme de loi, représentant du peuple.

François CHABOT, 37 ans 1/2, ex-capucin, représentant, né Saint-Genié, dép[t] de l'Aveiron.

Benoit-Camille DESMOULINS, 33 ans, né à Guise, d. de Verdain (*sic*), département de l'Aine, homme de lettres, représentant à la Con.

Jean-François LACROIX, 40 ans, né à Pontomer (*sic*), département de l'Eure, soldat et homme de loi, représentant.

Pierre PHILIPPEAUX, 34 ans, né à Ferrière, dép[t] de l'Oise, homme de loi, représentant du peuple.

Claude BAZIRE, 29 ans, né à Dijon, dép[t] Côte-d'Or, commis aux archives de la Bourgogne et représentant du peuple.

Marie-Jean HÉRAULT, 34 ans, né à Paris, avocat-général au Parlement, député à la Convention.

Georges-Jacques DANTON, 34 ans, né à Arcis-sur-Aube, dép[t] de l'Aube, avocat, député à la Convention, — « bientôt ma demeure dans le néant et mon nom au Panthéon de l'histoire, quoi qu'on en puisse dire ; ce qui est très-sûr et ce qui m'importe peu. — Le peuple respectera ma tête, oui, ma tête guillotinée. »

Marc-Réné-Saülguet (*sic*) D'ESPAGNAC, 41 ans, ci-devant abbé, fournisseur aux armées de la Rép., né à Brive, département de la Corrèse.

Sigismond-Kotelo-Frei JUNIUS (1), 26 ans, né à Bru, en Moravie, son père directeur de tabac en France depuis 2 ans 1/2, d. à Vienne et fournisseur à l'armée.

André-Marie GUSMAN, né à Grenade, en Espagne, naturalisé français en 81, 41 ans, ses parents ont toutes les qualités en Espagne, réunissent tous les grands titres.

Pierre-Emmanuel FREY, 27 ans, né à Bru, et en France 3 ou 4 mois avant la déclaration de la guerre. Ils ont amené en France leur fortune, environ 100,000 livres en espèces. Ils ont laissé à leur famille 40,000 florins.

Jean-Frédéric DÉRICHEN (2), 51 ans, né à Luthembourg, duché de Holstein, de Danemark, avocat de la cour de Danemark. A Paris 18 mai 92. L'envoyé et l'aumônier de Danemark lui donnaient de l'argent.

François-Joseph VESTERMAN, 40, né à ....., dép[t] du Bas-Rhin, district de Strasbourg ; échevin de Strasbourg ; soldat dès son enfance et général de brigade.

Louis-Marie L'HUILLIER (*sic*), 47 ans environ, né à Paris, homme de loix. — « Mon père bottier, j'ai été des trois Communes, agent national au département, accusateur public du tribunal du 10 (3). »

— Lors de la proposition de l'apposition des scellés sur les papiers des banquiers, me rappeler que Lacroix et Delaunai se retirèrent au Comité de sûreté générale pour l'exécution, etc....., et leur conversation à la Montagne (4).

Vesterman demande à subir son interrogatoire. Le prés. (5) observe que c'est une forme inutile.

DANTON. — Nous sommes cependant ici pour la forme.

VEST. insiste. — Un juge vas (*sic*) l'interroger.

DANTON dit : — Pourvu qu'on nous donne la parole, et largement, je suis sûr de confondre mes accusateurs ; et si le peuple français est ce qu'il doit être, je serai obligé de demander leur grâce.

CAM. (6). — Ah ! nous aurons la parole, c'est tout ce que

(1) Simon-Kotloo-Junius Frey, d'après M. Campardon, *Tribunal révolutionnaire de Paris*, t. II, — né à Brünn. — C.

(2) Deisdérichen. — C.

(3) Les noms de *Westerman* et de *Lullier* ont été ajoutés par Topino à la liste des prévenus après la première audience. — C.

(4) Là s'arrêtent les notes prises à la première audience, celle du 13 germinal. Ce qui suit n'a pu être écrit qu'à la seconde, puisque l'incident Westerman y est relaté. — C.

(5) Le président. — C.

(6) Camille Desmoulins. — C.

nous demandons (*Grande et sincère gaieté de tous les députés accusés.*)

DANTON. — C'est Barrère qui est patriote, à présent, n'est-ce pas? — (*Aux jurés*) : C'est moi qui ai fait instituer le tribunal, ainsi je dois m'y connaître.

VEST. — Je demanderai à me mettre tout nu devant le peuple, pour qu'on me voye. J'ai reçu sept blessures, toutes par devant ; je n'en ai reçu qu'une par derrière : mon acte d'accusation.

DANTON. — Nous respecterons le tribunal, parce que, etc...

Danton montre Cambon et dit : — Nous crois-tu conspirateurs? — Voyez, il rit ; il ne le croit pas. Ecrivez qu'il a ri (1).

Premier témoin, P.-J[h]. CAMBON, 38 ans, député à la L[e] et à la C[n]. — Le décret du 15 décembre, pour faire recevoir les assignats dans la Belgique, Dumourier s'y opposait. — On envoya Danton et Lacroix pour surveiller Dumourier. — Tous ceux qui sont là furent les fidèles appuis de ce décret. — Doguet (2) prévint Lacroix et Danton de la trahison de Dumouriez, et c'était leur opinion. — Ils demandent la levée en masse.

..... Nous donnions 800 pour 100, nous étions épuisés de numéraire. Il n'y avait en caisse que 500 mille livres dans les caisses ; il fut décrété que l'on ne payerait plus en numéraire. — Presque tous les accusés appuyèrent, et le côté droit écrivit contre (3). — J'ai deux collègues ici du Com. de S. (4), j'avais des craintes pour la liberté et mes collègues m'assuraient que la Rép. resterait une et indivisible, qu'il y aurait de grandes crises, mais que nous triompherions.

Placé dans la Commission des finances, ont (*sic*) parlait beaucoup de la Comp. des Indes (5). — Nous conçûmes l'idée de démonétiser les assignats à effigie royale. Chabot voulait l'appliquer à tous.

D'Espagnac aurait fait une fortune considérable sur les actions de la Comp. des Indes, sous Calonne, si le ministre ne s'y était opposé.

(1) Aussitôt les débats commencent par la déposition de Cambon, premier et seul témoin entendu dans tout le procès. — C.

(2) Goguet (et non pas Doguet), lieutenant-colonel d'un bataillon de volontaires à l'armée d'occupation de la Belgique, commandant temporaire de Bruxelles. — C.,

(3) Ici, comme plus haut, Cambon parle de ses collègues à la Convention, mis en cause dans le procès de germinal : Danton, Lacroix, Fabre d'Eglantine, Camille Desmoulins, Hérault de Séchelles, Philippeaux, etc., qui, tous, en opposition au côté droit de l'Assemblée, soutinrent les mesures révolutionnaires proposées à l'égard de la Belgique. — C.

(4) Lacroix et Danton, qui firent partie, avec Cambon, du premier Comité de Salut public. — C.

(5) La Compagnie des Indes. — C.

Delaunai, rapporteur (1). — Fabre voulait que la Convention nommât des commissaires. — Lui (2) ne voulait pas, à la crainte que la Convention elle-même ne s'enfilât dans une liquidation, et craignant les malversations.

Son opinion (3) était qu'on ne pouvait se charger de l'exécution.

Fabre lui a dit qu'un matin, à la Convention, il a fait décréter ces corrections (4).

Les mots *faits en fraude* favorisaient l'opinion première de Delaunay.

L'article 7, opinion de Fabre, changé par l'opinion de Delaunay, qui invoquait les règlements de la Compagnie pour la liquidation.

Copie du décret remis à l'impression portant que *Cabon* (*sic*), *Ramel, Fabre, etc., avaient signés* (*sic*). — C'est toujours par la même main que les corrections et les signatures sont écrites. — Entre ma signature et les derniers mots on a intercallé les mots : *ont signés* (*sic*), etc. (5).

Chabot dit que les mots : *ont signés* n'étaient pas lors de son interrogatoire (6). — C'était un projet de rédaction. — Benoît d'Angers et le baron de Basse (7) m'ont offert les 200 mille livres. J'ai offert de les faire saisir chez moi, mais on les a avertis et on les a fait sauver. On n'a connu qu'une partie de la conspiration, mais ces débats-ci la dévoileront.

Delaunai dit qu'on a tronqué son interrogatoire.

Bazire. — Je n'y suis que comme ayant reçu des confidences individuelles. — Il est accusé de cela, de se taire, par Julien de Toulouse. — Le Comité les ignorait, car il serait coupable s'il n'agissait point. — Sa dénonciation du 25, et Chabot l'avait précédé. — Je fesais des réponses évasives, dilatoires (à Delaunai et Julien) ; j'ai dit que je ne voulais point d'argent pendant la Conv., etc.....; voilà ce que disent mes ennemis, et bien (*sic*) n'esse (*sic*) pas là des réponses évasives ? Chabot travaillait avec eux ; il me dit qu'il était, il est dans ce tripo-

(1) Topino indique ici que Delaunay était rapporteur pour l'affaire de la Compagnie des Indes. Le texte qui suit n'est pas la déposition de Delaunay, mais la continuation de celle de Cambon. — C.

(2) Lui, Cambon. — C.

(3) L'opinion de Cambon. — C.

(4) Il ne peut-être question ici que de l'amendement présenté par Fabre au projet de Delaunay, et adopté par l'Assemblée. — C.

(5) Ce paragraphe se rapporte indubitablement à une réponse de Fabre d'Églantine, et très-probablement aussi les deux précédents. — C.

(6) Il y a évidemment ici erreur ; les mots : *ont signés*, n'étaient point sur le projet de décret lorsque Chabot le remit à Delaunay, cela est probable ; mais ils y avaient été ajoutés, très-certainement, avant l'arrestation du capucin, qu'ils avaient en partie motivée, et à plus forte raison lors de son interrogatoire, qui eut lieu plus tard encore. Topino a donc fait confusion en transcrivant cette réponse. — C.

(7) De Batz. — C.

tage, mais que c'était pour les démasquer. Chabot répondra. On sait que je n'ai jamais connu et rien fait en finance. — Chabot ne s'y est mis, et Julien me l'a assuré, que lorsqu'il a su qu'il y avait conspiration. J'ai rapporté tout ce que Julien m'avait dit.—Je n'ai pu faire ces dénonciations plutôt, j'aurais manqué mon coup, j'aurais passé pour un calomniateur. On pouvait prendre Julien, j'ai donné des moyens ainsi que pour Benoît, le baron, etc., et de Launay. — Je m'en rapportais à Chabot que j'avais connu patriote. Il m'a tenu parole. — Hérault, un mois avant, n'a su de moi tout cela que parce qu'il était du Comité de salut public.

HÉRAULT. — Je lui dis : Connais-tu quelque chose à toutes nos divisions ? Il me répondit : Sous peu, cela s'éclaircira.

BAZIRE. — Membre du Com. de S., il fallait que je réunisse des preuves, et je n'ai pas d'autre preuve matérielle que par ce faux matériel que j'ignorais. Ainsi.....

Cambon prend la parole. — Nos assignats à 10 s. l'écu de France en Angl., nous les fîmes monter à 80 s. ; nous fûmes traversés net. On proposa de s'emparer des biens des étrangers et l'ennemi en profita. Nous n'avons reçu que 500 mille livres et nous avons perdu, et en outre cela nous a ôté nos moyens avec l'étranger. — Hérault, rapporteur, n'a point paru.

Hébert a fait la motion du *maximum* et Dufourny et L'huillier (*sic*) celle sur les étrangers. Motion, dénonciation, on nous a forcé (*sic*), l'Assemblée l'a voulu. Mais tout marchera. Nous marchons avec les obstacles, mais nous..... le sol de la République. — *Applaudissements.* — J'ai soupçonné Delaunay, qui se voyait avec L'huilier pour les opinions de finance, qui avait préparé le discours, etc......

— On demande le nom du rapporteur du *maximum*, etc...

CHABOT. — Ce n'est que depuis cette époque que Dufourny et Hébert m'ont poursuivis (les 200 mille ₤ offert (*sic*) pour faire cette motion). — Il a dénoncé la conspiration de faire guillotiner les députés les uns après les autres.

Danton réclame lecture de la dénonciation de Chabot, qu'on a tronquée.

DELAUNAY. — La commission (1) m'invita de passer chez L'huillier, et Basq (2), qu'il rencontra, lui fit voir le mémoire qu'il faisait pour L'huillier.

CHABOT. — J'ai remis la pièce (3) à la commission sans ratures.

Le faut (*sic*) attribué à Fabre se réduit à avoir signé à la plume dans la pièce à l'article 7 : *suivant les statuts*, ce qui est contraire à sa première opinion.

(1) La Commission des Finances. — C.
(2) Le baron de Batz. — C.
(3) Il s'agit du projet de décret falsifié ar Benoît et Delaunay, ou du faux décret fait par eux pour la Co g e Indes. — C.

Fabre dit n'avoir signé que de confiance, donné ses explications.

Chabot doute si Fabre après lecture s'en réfère à sa déclaration.

Robespierre hésita de dénoncer et me dit d'aller doucement. — on nous renouvela au Comité de S. (1), où j'avais déjà fait une dénonciation. On nous coupa le filet. J'éclatai lorsqu'on demanda les soixante têtes des détenus. — J'ai des témoins que j'ai remis le projet à Delaunay devant Benoit d'Angers (2). — Bazire n'en savait rien. — J'ai dit à Voulant (*sic*), on me presse de signer, mais je ne veux pas, la seconde lecture n'est pas faite. — Je n'ai pas signé (3). — Chabot pressé avoue que c'est un piége tendu à Fabre (4).

Auzanne (*sic*) a dit devant témoin (c'est celui qui arrêta Julien) (5), que Chabot observa qu'on le fesait arrêter à huit heures du matin et que l'on était convenu de l'arrêter le soir avec les chefs, qui se sont sauvés (6).

Bazire. — Delaunai instruit par les journaux récriminait contre Chabot et moi et se servait des propos de Julien qu'il savait en fuite. — Voilà l'origine des propos sur d'Espagnac. Jai rapporté moi-même ces propos que je tenais de Julien.

D'Espagnac dit qu'il n'a vu Bazire qu'une fois, Delaunay 4. — Mon dire sur les membres ingrats ne tombe nullement sur les membres présents.

Cambon. — J'avais dénoncé le marché d'Espagnac. Julien en fut le rapporteur. Avant cette lettre et depuis il est venu avec un écrit, lui qui improvisait, pour faire l'apologie de d'Espagnac (7).

Danton. — Moi vendu? un homme de ma trempe est impayable! La preuve?

Me taisais-je lorsque j'ai défendu Marat; lorsque j'ai été décrété deux fois sous Mirabeau (8); lorsque j'ai lutté contre Lafayette? — Mon affiche, pour insurger, aux 5 et 6 octobre!

Que l'Accusateur, qui m'accuse d'après la Convention, administre la preuve, les semi-preuves, les indices de ma vénalité!

(1) Au Comité de Sûreté générale, dont Chabot, qui parle ici, fesait alors partie. — C.

(2) Le projet de décret de suppression de la C[e] des Indes, falsifié ensuite et converti en décret par ces deux individus. — C.

(3) Ledit décret. — C.

(4) Aveu décisif! — C.

(5) Ozanne, officier de paix, chargé d'arrêter Julien de Toulouse et qui ne sut s'en emparer.

(6) De Batz, Julien, Benoit d'Angers. — C.

(7) Ici se termine le débat relatif à l'affaire de la C[e] des Indes; l'affaire Danton commence aussitôt après. — C.

(8) Deux mandats d'arrêt furent en effet lancés contre Danton; le premier en mars 1790, à propos de l'affaire Marat; le second en juillet 1791, à la suite de l'affaire du Champ-de-Mars. — C.

J'ai trop servi, la vie m'est à charge. Je demande des commissaires de la Convention pour recevoir ma dénonciation sur le système de dictature.

J'ai été nommé Administrateur par une liste triple, le dernier, par de bons citoyens en petit nombre (1).

Je forçai Mirabeau, aux Jacobins, de rester à son poste ; je l'ai combattu, lui qui voulait s'en retourner à Marseille.

Où est ce patriote, qu'il vienne, je demande à être confondu, qu'il paraisse (2).

J'ai empêché le voyage de Saint-Cloud (3), j'ai été décrété de prise de corps pour le Champ-de-Mars.

J'offre de prouver le contraire (4) et lisez la feuille de l'*Orateur* : Des assassins furent envoyés pour m'assassiner à Arcis, l'un a été arrêté. — Un huissier vint pour mettre le décret à exécution, je fuyais donc, et le peuple voulut en faire justice. — J'étais à la maison de mon beau-père (5) ; on l'investit, on maltraita mon beau-frère pour moi. Je me sauvais (*sic*) à Londres, je suis revenu lorsque Garran fut nommé (6). — On offrit à Legendre 50 mille écus pour m'égorger.

Lorsque les Lameth... devenu (7) partisans de la cour, Danton les combattit aux Jacobins, devant le peuple, et demanda la République.

Sous la législature (8), je dis : la preuve que c'est la cour qui veut la guerre, c'est qu'elle a (mot illisible) l'initiative et la sanction. Que les patriotes se rallient et alors si nous ne pouvons vous vaincre nous triompherons de l'Europe.

— Billaud-Varenne ne me pardonne pas d'avoir été mon secrétaire.

— *Quelle proposition avez-vous fait contre les Brissotins ?* — La loi de Publicola. — Je portai le cartel à Louvet, qui refusa. — Je manquai d'être assassiné à la Commune. — J'ai

(1) Administrateur du département de Paris (février 1791). — C.

(2) Allusion à Robespierre et au rapport de St-Just. — C.

(3) Le départ de Louis XVI pour St-Cloud (18 avril 1791). — C.

(4) C'est-à-dire de prouver qu'après l'affaire du Champ-de-Mars, il ne jouit point à Arcis-sur-Aube, sa ville natale, d'une tranquillité parfaite, comme l'en accusaient St-Just et Robespierre. — C.

(5) A Rosny-sous-Bois. — C.

(6) Garran de Coulon, membre du Comité des recherches de la Commune de Paris, en 1789, président du tribunal de cassation, en 1791.

Voici comment le *Bulletin du Tribunal révolutionnaire* rappelle cette réponse si importante de Danton :

« Le P. — Ne vous êtes-vous pas émigré au 17 juillet 1789 ; n'êtes-vous pas passé en Angleterre ?

« R. — Mes beaux-frères al[illegible]nt en ce pays pour affaires de commerce et je profitai de l'occasion ; peut-on m'en faire un crime ? » — C.

(7) Mot manquant ; le sens est sans doute : Lorsque les Lameth *furent devenus* partisans de la cour. — C.

(8) Législature, pour assemblée Législative. — C.

dit à Brissot, en plein Conseil (1), tu porteras ta tête sur l'échafaud, et je l'ai rappelé ici à Lebrun.

— J'avais préparé le 10 août et je fus à Arcis, parce que Danton est bon fils, passer trois jours, faire mes adieux à ma mère et régler mes affaires, il y a des témoins. — On m'a revu solidement. — Je ne me suis point couché. J'étais aux Cordeliers, quoique substitut de la Commune. Je dis au ministre Clavières qui venait de la part de la Commune, que nous allions sonner l'insurrection. Après avoir réglé toutes les opérations et le moment de l'attaque, je me mis sur le lit comme un soldat, avec ordre de m'avertir. — Je sortis à une heure et je fus à la Commune devenue révolutionnaire. Je fis l'arrêt de mort contre Mandat qui avait l'ordre de tirer sur le peuple. — On mit le maire en arrestation et j'y restais (*sic*) suivant l'avis des patriotes. — Mon discours à l'Assemblée législative.

— Je faisais la guerre au Conseil (2); je n'avais que ma voix, quoique j'eusse de l'influence.

— Mon parent qui m'accompagna en Angleterre avait dix-huit ans.

— Je crois encore Fabre bon citoyen (3).

— J'atteste que je n'ai point donné ma voix à d'Orléans, qu'on prouve que je l'ai fait nommer.

— J'eûs 400 mille f. sur les 2 millions pour faire la rév. (4). 200 mille livres pour choses secrètes. J'ai dépensé devant Marat et Robespierre pour tous les commissaires des départements. Calomnies de Brissot. J'ai donné 6,000 à Billaud pour aller à l'armée (5). Les autres 200 mille : j'ai donné ma comptabilité de 130 mille et le reste je l'ai remis.

..... Fabre la disponibilité de payer les commissaires, parce que Billaud-Varenne avait de refusé (*sic*).

— Il n'est pas à ma connaissance que Fabre prêcha le fédéralisme.

— J'embrasserais mon ennemi pour la patrie, à laquelle je donnerai mon corps à dévorer.

3. Je nie et prouve le contraire. Ce fut Marat qui m'envoya un portefeuille et les pièces, et j'avais fait arrêter Duport (6). Il a été jugé à Melun, d'après une loi. *Lui et Lameth ont voulu*

(1) En séance du Conseil exécutif, sans doute? — C.

(2) Il s'agit encore ici du Conseil exécutif, ou conseil des ministres. — C.

(3) Fabre d'Eglantine. — C.

(4) Pour faire reconnaître par la province les événements du 10 août 1792. — C.

(5) Six mille francs à Billaud-Varenne pour sa mission en Champagne comme envoyé du Conseil exécutif et de la Commune de Paris. — C.

(6) Il s'agit de l'affaire Adrien Duport, ancien constituant, que le Comité de surveillance de la Commune avait fait arrêter hors du département de la Seine et voulait faire amener à Paris au temps des massacres de Septembre. — C.

me faire assassiner. Ministre de la justice, j'ai fait exécuter la loi. — Pour mon fait, je n'avais pas de preuves judiciaires (1).

— La guerre feinte n'est que depuis quinze jours et les Brissotins m'ont pardieu bien attaqué. Lisez le *Moniteur*. — Barbaroux a fait demander par le bataillon de Marseille ma tête et celles de Marat et de Robespierre. Marat avait son caractère volcanisé, celui de Robespierre tenace et ferme, et moi, je servais à ma manière. — Je n'ai vu qu'une fois Dumouriez, qui me tâta pour le ministère : je répondis que je ne le serais qu'au bruit du canon. — Il m'écrivit ensuite. — Placé là, Kelerman (*sic*) voulait passer la Marne et Dumouriez ne le voulait pas ; embarrassé et non dictateur, je soutins le plan de Dumouriez, qui réussit. — Craignant la jalousie des deux généraux, j'envoyai Fabre, etc...... avait vu Westerman, au 10, le sabre à la main.

— Je talonnai Servan et Lacuée (2) ; je n'ai connu de plan militaire que celui de Dumouriez et de Kelerman, et Billaud fut nommé par moi pour surveiller Dumouriez ; il en a rendu compte à la législature (3) et aux Jacobins. Ordre d'examiner ce que c'était ..... cette retraite (*sic*). La Convention a envoyé trois commissaires.

— Moi, ministre, j'embrassais la masse et les détails de la justice.

— Billaud m'a dit qu'il ne savait pas si Dumouriez était un traître ; d'ailleurs c'était une surabondance de patriotisme.

— Sur la Belgique, répète son dire aux Jacobins (4).

— Le piége des Brissots était de faire croire que nous désorganisions les armées.

— On me refuse des témoins, allons je ne me défends plus.

— Je vous fais d'ailleurs mille excuses de ce qu'il y a de trop chaud, c'est mon caractère.

— Le peuple déchirera par morceaux mes ennemis avant trois mois (5).

L'HUILLIER (*sic*). — Je ne crois pas avoir connu Delaunay.

DELAUNAY. — J'ai connu L'huillier chez de Bass (contrefacteur d'assignats) (6), à dîner, son épouse et son commis, etc.....

(1) Sans doute pour prouver la tentative d'assassinat. — C.

(2) Employé principal des bureaux de la guerre pendant le ministère de Servan. — C.

(3) A la Convention. — C.

(4) Le 6 décembre 1793. Le *Moniteur* ayant eu le soin de ne pas reproduire ces déclarations si essentielles, il est d'autant plus regrettable que Topino lui-même ne les rapporte point. Cela est perdu pour l'histoire. — C.

(5) Cet alinéa termine les notes prises par Topino à la deuxième audience, celle du 14 germinal. Ce qui vient ensuite est relatif à la troisième (15 germinal), au début de laquelle Lullier, membre du Département, fut introduit et entendu. — C.

(6) Le baron de Batz. — C.

— Il me dit qu'il s'occupait du projet sur les biens des étrangers et rapporte son premier dire.

L'HUILLIER, *embarrassé.* — Je n'avais point de connaissance en finance et je n'ai vu de Bass (1) que pour le consulter sur cette affaire. Je ne connais pas Benoît.

DE LAUNAY (*sic*). — Je n'ai vu de Basse que trois fois. La deuxième fois de Basse était seul avec L'huillier, avec des mémoires à la main.

L'HUILLIER. — L'opinion de Chabot était celle des banquiers, et de Basse je l'ai consulté pour avoir des lumières, mais mon opinion fut contraire à la sienne. — (De Basse contre-révolutionnaire sous la Législative).

HÉRAULT. — Sur le petit capet (2), nie le fait. — Il fut nommé pour la partie diplomatique avec Barrère. Déclare que jamais il ne s'est mêlé de négociations. Nie avoir jamais fait imprimer aucune chose en diplomatie. Deforgues envoya Dubuisson (3).

HÉRAULT. — Je ne conçois rien à ce galimathias. Je me suis opposé à l'envoi de Salavie (4). C'est un moyen employé par nos ennemis. Envoyé dans le Bas-Rhin par le Comité, je travaillé (*sic*) avec Berthélemy à la neutralité de la Suisse et *jai sauvé* à la République une armée de soixante-mille hommes (5). — Jamais je n'ai communiqué à Proly rien en politique, il n'y en avait pas. Au surplus, il fallait me confronter avec Proly. — J'ai été trompé comme j'a jaie s[t] fois (6), comme la Convention, comme jambon (7), qui le voulait emmener secrétaire, comme Colot (8). Comme Marat, Proly a été porté en triomphe. — La Convention, par un décret solennel a reçu mes explications (9).—Anacharsis (10) me dit vient (*sic*) dîner avec moi, dîner avec Dufourni, etc..... J'ai laissé la veuve Chemineau, etc..... L'huillier, c'est à l'instigation de Clootz.

J'ai connu l'abbé guillotiné en troie (*sic*), dans mon exil. Il était chanoine et non réfractaire. C'est donc une plaisan-

(1) De Batz. — C.

(2) Le Dauphin, Louis XVII, que les Dantonistes étaient accusés de vouloir porter au trône ! ! — C.

(3) N. Deforgues, ministre des affaires étrangères en 1793. — C.

(4) J.-L. Soulavie, résident de la République française à Genève en 1793. — C.

(5) C'est-à-dire : j'ai empêché la Suisse de tourner ses armes contre la République. — C.

(6) J. Jay de Sainte-Foi, député de la Gironde à la Convention nationale. — C.

(7) Jean-Bon Saint-André, député du Lot à la Convention nationale. — C.

(8) Colot, pour Colaud (de la Salcette), ou Collot d'Herbois, conventionnels. — C.

(9) Séance du 29 décembre 1793. — C.

(10) Anacharsis Clootz. — C.

terie (1). Il n'était pas soumis au serment, il m'avait assisté dans mon exil (2).

Au 14 juillet, à la Bastille, j'ai eu deux hommes tués à mes côtés. Maltraité par mes parents, j'ai voyagé, j'ai été incarcéré trois semaines en Sardaigne et je suis revenu.

Camille (3). — Lors de sa dispute avec Saint-Just, celui-ci lui dit qu'il le ferait périr. — J'ai dénoncé Dumourier avant Marat; d'Orléans, le premier. J'ai ouvert la Révolution et ma mort va la fermer. — Marat s'est trompé sur Proly. Quel est l'homme qui n'a pas eu son Dilon? — Depuis le n° 4 (4), je n'ai écris (*sic*) que pour me rétracter. J'ai attaché le grelot à toutes les factions. — On m'a encouragé (5) : écrit (*sic*), etc., démasque la faction Hébert, il est bon que quelqu'un le fasse.

Lacroix. — Sur la déclaration de Miajenski (6), rappelle qu'il l'a confondu, que la Convention a été satisfaite, et qu'il n'a pas été accusé pour cela. Il dit :

Je fus envoyé à Liége pour connaître des reproches faits à la Trésorerie, et *vice-versâ*. Nous étions trois. Jamais je n'ai vu Dumourier en présence de Dumourier (*sic*). — J'ai dit à Miajenski, sa légion manquant de tout, que je l'appuyerais devant mes collègues, mais qu'il était étonnant que sur le pays ennemi on ne décrétât pas que les troupes étrangères fussent payées. Je n'ai ni bu, ni mangé avec Dumourier. Vu pendant six à sept jours toujours ensemble. — Danton, Gossuin et moi nous avions visité toutes les caisses de la Belgique (7) pour examiner les faits. — Dumouriez ne voulait point prêter les mains au décret (8). Je me levai et lui déclarai que s'il ne signait pas à l'heure, nous le ferions garrotter, etc. Il signa l'ordre à Ronsin. — La seconde fois nous nous rendîmes à Bruxelles, Dumourier était en Hollande. — Tous mes collègues ont attesté que je proposai de me laisser aller auprès de Dumourier l'observer et le tuer. Mes collègues ne furent pas de cet avis.

..... 1900 £ et 600 livres de linge acheté par Brune en présence des collègues, pour la table. Il était à bon marché. Il dut être chargé sur les voitures qui ramenaient en France les restitutions des effets pillés par les généraux. C'était contenu dans une malle à mon adresse, je l'ai déclaré alors au

(1) Allusion à l'accusation de St-Just. — C.

(2) Le parlement de Paris ayant été exilé à Troyes, en Champagne, sous le ministère de Briennes, en 1788, Hérault-Séchelles y fut aussi, comme avocat-général du parlement. — C.

(3) Camille Desmoulins. — C.

(4) Il s'agit, ici, du *Vieux Cordelier*, rédigé par Camille Desmoulins. — C.

(5) *On*, c'est-à-dire Robespierre. — C.

(6) Miaczinski (Joseph), maréchal de camp à l'armée d'occupation de la Belgique, en 1793. — C.

(7) Les caisses des payeurs civils et militaires. — C.

(8) Le décret du 15 décembre 1792. — C.

Comité de salut (1). Alors je l'ai réclamée. Ne confondez pas la première voiture d'argenterie qui fut pillée, elle était expédiée par tous nos collègues.

DANTON. — J'avais défié publiquement d'entrer en explication sur l'imputation des 400,000 £. Il résulte du procès-verbal qu'il n'y a à moi que mes chiffons et un corset de molleton. *Lebas*, sommé, m'a donné communication.

— Appelé aux Jacobins par mes collègues (2), je déclarais (*sic*) que le renouvellement était contre-révolutionnaire (3) : ce que portait (*sic*) les pouvoirs des envoyés des sociétés populaires. — Billaud-Varennes m'appuya et je fus chargé de faire la proposition le 11 à la Convention. — Hébert, le lendemain, me dénonça dans sa feuille ; et voilà le principe de la calomnie.

Je fus indigné, au 31 mai, de voir un officier qui disait : il n'y a ni Marais, ni Montagne ; qui distribuait de l'argent au bataillon de Courbevoie ; je ... témoin Panis (4), Legendre, Robespierre, Pache, Robert-Lindet. Alors je montais (*sic*) à la tribune etc... que nous n'étions pas libres. — Au Comité, devant Pache, le 2 juin, j'ai improuvé la mesure maladroite de Hanriot. Nous l'avions prévenu qu'en rentrant nous décréterions les 32 (5), mais que ce n'était pas assez pour la chose publique, qu'il fallait purger la Convention..... et a proposé 500 mille livres pour l'armée de Paris qui avait sauvé la patrie. Barère s'y opposa. C'est Barère qui a proposé le décret d'accusation contre Hanriot ; c'est moi qui ai défendu Hanriot contre cela. Qu'on entende les témoins, la Convention a été trompée.

— J'ai appelé l'insurrection en demandant cinquante révolutionnaires comme moi (6). La Convention m'appuya.

J'avais dit, trois mois avant, il n'y a plus de paix avec les Girondins.

Ai-je la face hypocrite ?

Hanriot crut que j'étais opposé à l'insurrection et alors je lui dis : vas toujours ton train, n'aie pas peur, nous voulons constater que l'Assemblée est libre.

— Je n'ai jamais bu ni mangé avec Mirande (7), et je proposai à mes collègues de l'arrêter, ils s'y opposèrent.

Je pris la main à Hanriot et lui dis : tiens bon (8).

(1) Au Comité de salut public. — C.
(2) C'est Lacroix qui reprend la parole. — C.
(3) Le renouvellement de la Convention. — C.
(4) Probablement : je prends à témoin Panis, etc. — C.
(5) Les trente-deux députés girondins mis en arrestation le 2 juin 1793. — C.
(6) C'est Danton qui reprend la parole. Le *Bulletin du Tribunal révolutionnaire* l'indique formellement. — C.
(7) Le général Miranda. Réponse de Lacroix. — C.
(8) Lacroix revient ici à l'affaire du 31 mai (voir *Bulletin du Trib. rév.*). — C.

HÉRAULT. — C'est moi qui ai découvert l'ordre signé au crayon par Hanriot, pour laisser passer la Convention, ainsi, etc..... (1).

PHILIPPEAUX. — Arrivé de mon dépt j'ignorais les intrigues, je fus trompé par Roland. — Je me suis rétracté à temps. — Lorsque je m'aperçus du piége tendu dans l'appel au peuple, je montai à la tribune et j'abjurai et votai de suite comme la Montagne. J'ai voté pour Marat (c'est faux, il n'a voté ni pour ni contre). Le Comité (2) ne répondant point à mes lettres, je suis venu ici.

Le Comité ne m'a point entendu. Alors, pour remplir mon devoir, j'ai écrit à la Convention, et l'événement, sur Hébert, a prouvé, etc. On a fait contre moi des adresses contre moi (*sic*), etc. On a envoyé de chez moi 3 commissaires pour connaître les faits et Levasseur les a fait arrêter (3).

WESTERMAN. — Lorsque Dumouriez était en Belgique j'étais en Hollande. Abandonné entre les ennemis, vivant de pillage, je suis arrivé à Envers (*sic*) avec ma légion. Le régiment de cavalerie fut attaqué. Je repoussai l'ennemi.

Accusé de venir 2 et 3 fois apporter les dépêches de Dumourier à Gensonné.

L'armée manquait de souliers, je fus envoyé par Dumouriez au Conseil (4), et je les rapportai à l'armée.

Dumouriez lui montra la lettre du roi de Prusse pour son secrétaire, qu'il avait renvoyé. Je courus après lui et l'arrêtai de mon pouvoir, etc.

Le second voyage pour porter le pli des articles arrêté (*sic*) entre les généraux (5).

Il a encore été envoyé en otage à Mons, lors de l'évacuation. — Troisième voyage pour amener Malus et d'Espagnac (6), et porta un pacquet (*sic*) au président du comité diplomatique. — J'ai dénoncé au (*sic*) Jacobins, au Comité (7) le fils naturel de Proly, et on me rit au nez. Il engagea un déjeuné (*sic*) pour rétablir Dumouriez aux Jacobins. — Pourquoi ne m'a-t-on pas appelé lors de la déposition de Miajenski? J'étais ici, mandé à la barre. Dumourier m'a toujours éloigné de lui. A protesté sur la capitulation d'Anvers. Sur le fait de Lille. — Avant d'arriver à Menhem (8) Proly me dénonça. Ici, on me

(1) Cet ordre servit à décharger Hanriot, accusé par Barère d'avoir voulu mitrailler la Convention; *ainsi*, Hérault qui le retrouva et le produisit, n'avait été opposé ni à Hanriot, ni au 31 mai. — C.

(2) Le Comité de salut public. — C.

(3) René Levasseur, député de la Sarthe à la Convention nationale. — C.

(4) Au Conseil exécutif. — C.

(5) Lors de la retraite des Prussiens, en Champagne, 1792. — C.

(6) Fournisseurs de l'armée de Belgique accusés de concussion. — C.

(7) Au Comité de salut public, sans doute. — C.

(8) Menhem pour Menin, ville du Nord. — C.

mis (*sic*) hors de la loi et un officier prussien me montra la feuille de la Convention et m'engagea à rester, qu'on me payerait, et chercha à m'effrayer en disant que les autres généraux avaient été massacrés. — Voir au comité militaire. — Je fus à Lille avec ma troupe. Je trouvai Moreton (1) et vint (*sic*) prendre son ordre pour venir à la barre. — J'ai prêté serment avant, à Douai. Le décret du 4 mai dit qu'il n'y avait lieu à m'accuser (2). J'étais dénoncé aux comités (3). — Je ne connais point Talma.

DIRICHEN (4). — Etait en 91 à Vienne avec les frères Junius Frey et des conférences avec Léopol (*sic*). Il est allé avec eux à Ambourg (*sic*), là ils se sont quittés, à Trèves, à Londres, et de là à Strasbourg pour retrouver les frères Junius. Recevait d'eux des bienfaits. La femme et les enfants de Junius Frey tiennent un bon état à Vienne, leur bien n'est pas confisqué.

A été chez Lacour, banquier, de la part des Frey. Il reçut une lettre de change de 3,000 £.

FREY aîné. — Les faits avancés par lui. — L'Empereur lui devait 500 mille florins. — Qu'il espérait tirer les fonds de sa famille.

FREY cadet. — Je n'ai point été ni pendu, ni persécuté. J'étais plutôt l'enfant que le frère. J'ai du bien à moi. A emmené 20 à 30 mille, etc.

GUSMAN. — Il f.....

Sur son long récit, Danton dit : Il fait des châteaux en Espagne. — On l'entend longuement, et Danton dit : On lui fait la politesse comme étranger.

Gusman nie avoir donné de l'argent au peuple.

DANTON. — C'est Barère qui est patriote à présent et Danton aristocrate. La France ne croira pas cela longtemps (5).

DANTON, *dans la chambre des accusés*. — Moi conspirateur ? Je b.... ma femme tous les jours. Mon nom est accoté de toutes les institutions révolutionnaires : levée, armée rév., comité rév., Comité de salut public, Tribunal révolutionnaire. C'est moi qui me suis donné la mort, enfin, et je suis un modéré !

(1) Général de division de l'armée de la Belgique. — C.
(2) Décret de la Convention nationale. — C.
(3) Aux Comités de salut public et de sûreté générale. — C.
(4) Deisdérichen (Jean-Frédéric), avocat, né en Danemarck. — C.
(5) Les notes de Topino s'arrêtent malheureusement à ce point des débats, c'est-à-dire avant la fin de la troisième audience, celle du 15 germinal.

Il ne nous a rien laissé, par conséquent, sur ceux qui eurent lieu le lendemain, 16 ; mais on trouvera plus loin quelques indices de ce qu'il put observer alors. — C.

SUR FOUQUIER-TINVILLE

(*Première feuille*)

Plusieurs au moins n'étaient pas dans le cas de la loi.

Les dix du Mans incarcérés.

La guillotine placée. — Les cinquante-quatre chemises rouges. — L'affaire des cinquante-sept du Luxembourg. — Pas en ce moment sur les Carmes. — Citer Petit-Tressin.

Refus d'entendre les déclarations de Westerman sur la Vendée, dans les débats. Savoir quel usage il (Fouquier-Tinville) a fait de celles que son devoir lui ordonnait de recevoir, au moins après le jugement, ce qui, joint avec les vérités que Phélippeau (*sic*) avait dit, nous aurait épargné le renouvellement de cette malheureuse Vendée.

Les canonniers qui garnissaient le Tribunal, les applaudissements d'alors.

Sa division avec Dumas (1).

Floriau (2) ne l'estimait plus, ainsi que Lumière (3), son organe.

La mise en jugement de Westerman sans forme (4). Il l'a fait sortir un instant avec un juge pour subir l'interrogation.

N'ayant point accepté la récusation du juré Renaudin, son ennemi, par Camille (5), ce qui aurait oté le nombre 7, déterminé (6).

Sa présence dans la chambre des jurés (7).

(1) Dumas (René-François), président du tribunal révolutionnaire de Paris. — C.

(2) Probablement Lescot-Fleuriot (Jean-Baptiste-Edmond), substitut au tribunal révolutionnaire de Paris. — C.

(3) Lumière (Jacques-Nicolas), juré au tribunal révolutionnaire de Paris. — C.

(4) Sans remplir les formalités légales. — C.

(5) Camille Desmoulins. — C.

(6) C'est-à-dire le nombre de jurés nécessaire pour qu'un jugement soit valable et légal. — C.

(7) Il s'agit toujours de Fouquier. — C.

Le peuple habitué à voir périr des députés.

Depuis l'affaire Danton, la digue patriotique rompue, l'instruction des affaires négligées.

N'avait point fait venir Pache dans l'affaire de Hébert, et n'avait point, par ce moyen, bien examiné l'affaire de la Vendée, etc., dont les chefs, etc.

CAMILLE (1). — J'ai ouvert la Révolution, et ma mort va la fermer.

DANTON. — J'ai trop servi, la vie m'est à charge. Je demande des commissaires de la Conv. (2) pour recevoir ma dénonciation sur le système de dictature. — L'a-t-il fait? (3)

Dans un acte d'accusation : « la Faction des alarmistes », langage de Couthon.

N'ayant point profité des renseignements donnés par les affaires pour extirper les factions, etc., a grandi, généralisé son ministère, au lieu de s'attacher à un si grand nombre de chefs d'individus (*sic*).

L'ouvrage de Philipeau (4) annoncé par une lettre à sa femme sur la Vendée.

(*Deuxième feuille*)

François-Jean-Baptiste Topino-Lebrund (*sic*), âgé de trente et un ans, né à Marseille, département des Bouches-du-Rhône.

L'activité de Fouquier dans ses fonctions et sa négligence à donner suite aux affaires des grandes conspirations, soit pour en atteindre les véritables chefs, soit pour en extirper jusqu'aux racines qui ne tardèrent jamais à reproduire de nouveaux malheurs pour la République, m'a toujours paru un problème. Par exemple : dans le projet d'enlever la Reine de la Conciergerie et, ensuite, lorsqu'on la conduisait au supplice, l'administration de police, influencée par Hébert et Chaumet (*sic*), aurait dû être autrement examinée, ainsi que Pache, désigné ensuite comme Grand-Juge dans la conspiration Hébert. Même négligence dans l'affaire Ronsin, Monmoro (*sic*), Vincent, et celle de Vesterman, mis au jugement en violant toutes les formes, relativement à la Vendée ; ce qui, joint à ce qu'en avait écrit Philippeau, aurait, à coup sûr, empêché le renouvellement de cette guerre qui déchire encore aujourd'hui le sein de la patrie.

(1) Desmoulins. — C.

(2) De la Convention. — C.

(3) « L'a-t-il fait ? » C'est-à-dire Fouquier a-t-il obtempéré à cette demande ? — C.

(4) Son rapport au Comité de salut public, ou sa lettre à la Convention nationale. — C.

Fouquier ne m'a point paru sans esprit de parti dans l'affaire Danton : s'il n'a point écrit au Comité de salut (1) sur la prétendue rébellion des accusés, pourquoi, lorsqu'il a requis lecture de la loi qui les mettait hors des débats, a-t-il dit dans son préambule : *attendu la rébellion des accusés?* Pourquoi, le quatrième jour, s'est-il trouvé avec Herman (2) dans la Chambre des jurés pour les engager à déclarer : *être suffisamment instruits?*

Au moins, après ce jugement, a-t-il fait droit à ces mots si importants pour notre liberté : *Je demande des commissaires de la Convention pour recevoir ma dénonciation sur le système de dictature* (3)? Ici, s'était (*sic*) à la Convention qu'il fallait écrire et non au Comité de salut public.

Camille (4) récusa Renaudin, juré (qui l'avait maltraité pour avoir parlé République aux Jacobins), comme son ennemi particulier et comme un soutien du royalisme alors. — On ne fit aucun droit à cette demande.

La connaissance que j'avais des vues ambitieuses de Robespierre et le besoin d'être utile à ma patrie, me firent observer Fouquier. J'ai acquis la preuve qu'il n'était point agent de ce tyran et qu'il en eût été la victime ; cependant Fouquier a servi la tyrannie (5).

Sur la prétendue rébellion de la société populaire du Mans en faveur de Phélippeaux (*sic*), dix patriotes mis en jugement furent acquittés, aux grandes acclamations du peuple, et la guillotine était élevée sur la place de la Révolution tandis qu'on instruisait encore cette affaire. Ces malheureuses victimes des factions ont été incarcérées et tenues au secret même après la chute de Robespierre.

C'est Fouquier qui a fait mettre les chemises rouges sur les cinquante-deux accusés, dans l'affaire de Lamiral (*sic*) et de la fille Renaud, nullement prévenus d'assassinat.

Le 18 messidor, instruit que le Comité de salut public avait pris un arrêté pour faire juger en vingt-quatre heures cent-cinquante-sept individus, détenus au Luxembourg, je fus en demander la liste à l'Accusa. public à dix heures du matin. Il ne l'avait point encore et il me parut rédiger l'acte d'accusation. Sais-tu, lui dis-je, si *Antonelle* et *Réal* sont du nombre? — Non, mais si tu as des démarches à faire, dépêches-toi. — Et Dufourni? — *Pour les Carmes, pas en ce moment.*

(1) Fouquier a, au contraire, écrit au Comité de salut public. La pièce est aux archives nationales. — C.

(2) Président du tribunal révolutionnaire de Paris siégeant dans l'affaire Danton. — C.

(3) Paroles de Danton. — Voyez page 19. — C.

(4) Camille Desmoulins. — C.

(5) Mots rayés : « Ce qu'il a fait contre. Il vous dira ce qu'il a fait contre. » — C.

Il était donc initié dans les projets contre tous les détenus. Je courus au Comité de sûreté générale. Je parlai à Dubarran et Moyse Bayle. Surpris de n'être point instruits par le Comité de salut de cet arrêté, indignés de cette barbare précipitation pour prononcer sur la vie de cent-cinquante-sept citoyens, ils me promirent de convoquer l'Assemblée générale du Comité, de demander l'Accusateur public et de mettre un frein à la barbarie. Petit-Tressin, juré au Trib., est témoin de ce fait. Fouquier, de retour des com., entra dans la salle de la Liberté, où l'on dressait les échauffaux (*sic*) (1), donna à Tirard, huissier, la liste des soixante qui devaient être jugés dans le jour, à 1 h. 1/2 du matin, le 19, et dit que les autres seraient mis au jugement en deux fois. Quelle humanité.

Les actes d'accusation m'ont paru outrer, agraver (*sic*) toujours les charges qui pouvaient être portées contre les prévenus ; quelquefois des faits terribles n'étaient nullement fondés sur les pièces au procès, ni sur les déclarations des témoins, et les expressions de *faction des alarmistes*, etc., inventées par Couthon (2), me parurent au moins une lâcheté.

(*Troisième feuille*)

Les notes d'Arthur non signées.

Duplain a dit, lors de la trahison de Dumourier, qu'il n'était pas traître, etc.

Le Comité de surveillance d'Anet dénonce Lacroix (3) pour avoir recellé (*sic*) un prêtre réfractaire.

Plusieurs notes et plusieurs lettres.

Voir le *Moniteur* lors de la Belgique, du 8 mars, sous la présidence de Gensonné.

La déclaration de Miajinski (*sic*) contre Lacroix et Danton.

Le rapport politique.

Les menées dans la Société du Mans pour Phélippaux (*sic*) (la lettre de Garnier de Saintes à la Conv.).

DANTON, *dans la chambre des accusés.* — Moi conspirateur ? je b.... ma femme tous les jours. — Mon nom est accoté de toutes les institutions révolutionnaires : levée, armée rév., comité rév., Comité de salut public, Tribunal révolutionnaire; c'est moi qui me suis donné la mort, enfin, et je suis un modéré !

(1) Les échafauds pour installer les juges ou le public, mais non la guillotine. — C.

(2) Député à la Convention et membre du Comité de salut public. — C.

(3) Lacroix (Jean-François), député d'Eure-et-Loir à la Convention nationale, mis en jugement avec Danton. — C.

Se rappeler le récit de Legendre sur l'offre que lui fit d'Espagnac de lui laisser 50 mille livres sur sa cheminée, attendu que les sans-culottes qui ne sont pas riches doivent partager fraternellement la bourse de ceux qui ont, etc.....

Auparavant, la proposition à lui faite de 500 mille ₤, s'il voulait se charger de lire à la Conv. un projet de finance au fait duquel on l'aurait mis en venant tous les matins le lui expliquer pendant huit jours; son indignation. — 8 jours après, voit Chabot à la tribune pour le lire, le menace, et le capucin escobarde, fait une motion insignifiante et ne parle plus du projet.

Liaison de Julien de Toulouse avec Lafaye, Défieux (*sic*), etc.

Suivent enfin d'autres notes manuscrites de Topino-Lebrun sur le procès de la Dubarry, portant principalement sur des déclarations de témoins.

Nous en extrayons seulement les deux citations suivantes, qui se trouvent sur la dernière page du manuscrit, le reste nous ayant paru sans intérêt pour l'histoire :

« Un juré révolutionnaire, mélange de justice et de rigueur, que l'ardent amour de la patrie rend passionné. Quand un accusé de contre-révolution se présente à lui, il est alors comme un homme en présence de son ennemi particulier, et, dès lors, il doit se garder de l'esprit de prévention. »

« Les vertus et les talents d'un homme lui attirent l'estime et le respect de ses concitoyens, mais l'intrigue seule produit l'esprit de parti, l'engouement et le fanatisme. »

FIN DES NOTES DE TOPINO-LEBRUN

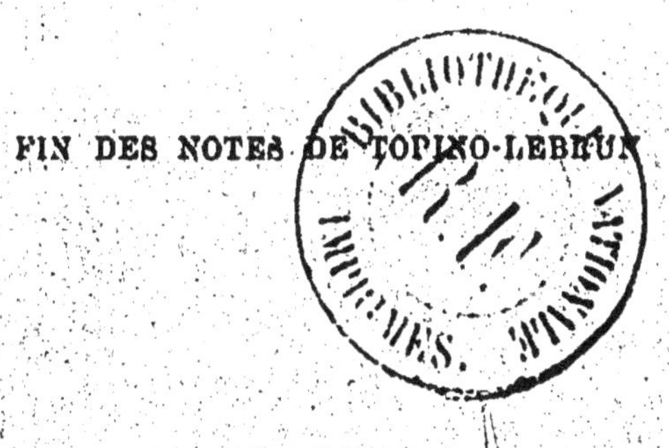

Paris. — Typ. de Rouge, Dunon et Fresné, rue du Four-St-Germ., 43.

TYPOGRAPHIE DE ROUGE, DUNON ET FRESNÉ

43, RUE DU FOUR-SAINT-GERMAIN, 43

A
B

www.ingramcontent.com/pod-product-compliance
Lightning Source LLC
LaVergne TN
LVHW020309230826
846091LV00006B/2609

* 9 7 8 2 0 1 2 9 4 0 4 0 6 *